BEI GRIN MACHT SICH IHR WISSEN BEZAHLT

- Wir veröffentlichen Ihre Hausarbeit,
  Bachelor- und Masterarbeit

- Ihr eigenes eBook und Buch -
  weltweit in allen wichtigen Shops

- Verdienen Sie an jedem Verkauf

**Jetzt bei www.GRIN.com hochladen
und kostenlos publizieren**

Dana Michaelis

Judith Butlers "Die Macht der Geschlechternormen und die Grenzen des Menschen" unter Einbeziehung früherer Werke

GRIN Verlag

Bibliografische Information der Deutschen Nationalbibliothek:

Die Deutsche Bibliothek verzeichnet diese Publikation in der Deutschen National-
bibliografie; detaillierte bibliografische Daten sind im Internet über http://dnb.d-
nb.de/ abrufbar.

Impressum:

Copyright © 2011 GRIN Verlag GmbH
Druck und Bindung: Books on Demand GmbH, Norderstedt Germany
ISBN: 978-3-656-50429-0

Dieses Buch bei GRIN:

http://www.grin.com/de/e-book/233488/judith-butlers-die-macht-der-geschlech-
ternormen-und-die-grenzen-des-menschen

GRIN - Your knowledge has value

Der GRIN Verlag publiziert seit 1998 wissenschaftliche Arbeiten von Studenten, Hochschullehrern und anderen Akademikern als eBook und gedrucktes Buch. Die Verlagswebsite www.grin.com ist die ideale Plattform zur Veröffentlichung von Hausarbeiten, Abschlussarbeiten, wissenschaftlichen Aufsätzen, Dissertationen und Fachbüchern.

Besuchen Sie uns im Internet:

http://www.grin.com/

http://www.facebook.com/grincom

http://www.twitter.com/grin_com

Ernst-Moritz-Arndt-Universität Greifswald

Philosophisches Institut

„Feministische politische Philosophie"
(WS 10/11)

Referatsverschriftlichung

Judith Butler: „Die Macht der Geschlechternormen und die Grenzen des Menschen" unter Einbeziehung ihrer vorherigen Werke „Das Unbehagen der Geschlechter", „Körper von Gewicht" und „Hass spricht. Zur Politik des Pervormativen".

Verfasserin: Michaelis, Dana

Studiengang: Lehramt (6. Semester)
Studienfächer: Philosophie, Germanistik

*Judith Butler: „Die Macht der Geschlechternormen und die Grenzen des Menschen" unter
Einbeziehung ihrer vorherigen Werke „Das Unbehagen der Geschlechter", „Körper von
Gewicht" und „Hass spricht. Zur Politik des Pervormativen".*

1. Einleitung:

Judith Butler hat wie kaum eine andere Autorin in der gegenwärtigen feministischen Theorie
für Furore gesorgt und ist bezüglich ihrer Geschlechtertheorie wie kaum eine andere
Theoretikerin derartig umstritten. Sie wird als Begründerin der „Queer Theory" gesehen und
wird als typisch „postmoderne Autorin" deklariert.

Im Jahre 1991 erschien ihr erstes deutschsprachiges Buch „Das Unbehagen der Geschlechter"
und sorgte sowohl für Unruhe in der Frauen- und Geschlechterforschung als auch in der
politischen Philosophie sowie bei der weiblichen Leserschaft. In diesem Buch stellte Butler
die These auf, dass die Geschlechtsidentität das Produkt sprachlicher, sozialer und kultureller
Konstituierung sei und somit nichts durch die Natur Gegebenes.

Im Jahre 1997 erschien ihr Werk „Körper von Gewicht", worin sie ihre Ansätze vertieft und
die Differenzierung von sozialem und biologischem Geschlecht, beziehungsweise „gender"
und „sex", vornimmt und es ebenfalls als kulturell konstituiert deklariert.

Sowohl die zwei vorgenannten Werke als auch das Buch „Hass spricht. Zur Politik des
Pervormativen", welches 1998 veröffentlich wurde, ließen scheinbar feststehende Genres wie
Körper, Kultur und Natur ins Wanken geraten. Ebenso die zuvor unbestrittene
Kategorisierung von Weiblichkeit und Männlichkeit wurde von Butler streitig gemacht. In
ihrem Werk „Körper von Gewicht" wirft sie die Frage nach den subtilen Machtmechanismen
auf, die die Grundlage vorgenannter Kategorien bilden.

Butler wurde nach Veröffentlichung ihres ersten Werkes im Jahre 1991 mehrfach rezipiert,
unter anderem aber auch fehl interpretiert, was die Diskussionen über die Begriffe wie
„gender", „sex", „Geschlechtsidentität" und „Konstruktion" zur Folge hatten.

Im Hauptteil meiner Referatsverschriftlichung werde ich näher auf ihre Essay-Sammlung
„Die Macht der Geschlechternormen und die Grenzen des Menschlichen" eingehen.

Für das bessere Verständnis werde ich darüber hinaus in meiner Arbeit ihre
Geschlechtertheorie kurz erläutern und wichtige Begrifflichkeiten wie „Subjekt",

„Performativität", „Konstruktion", „Geschlechtsidentität", „Intelligiblität", „Subversion" und „Handlungsmacht" mittels ausgesuchter Textpassagen darlegen und klären.

2. Hauptteil:

Input zu Judith Butler:

2.1 Butlers Geschlechtertheorie

Setzt man sich mit den Begrifflichkeiten des Poststrukturalismus und der Dekonstruktion im feministischen Sinne auseinander, wird im deutschen Umkreis umgehend auf die Thematik zur Dekonstruktion des Geschlechts geschlossen, welches auf die Philosophie Butlers schließen lässt. Mit der Veröffentlichung ihres ersten deutschsprachigen Werkes 1991 „Das Unbehagen der Geschlechter" wurden Butlers Thesen stark diskutiert und kritisiert. Bei der Befassung mit der Thematik Geschlechtsidentität fällt der Name „Judith Butler" gerade zu unablässig. In Hinblick auf diese Thematik kam es zu vielerlei Diskussionen bezüglich Butlers These, dass das biologische Geschlecht durch kulturelle Denkweisen konstituiert würde und diskursiv hervorgerufen würde. [1]

> *„Butler zielt darauf, die sex/gender-Unterscheidung in gender aufzulösen: »sex« selber sieht sie als gender-Konstrukt, hervorgebracht durch Diskurse. Auch die Körperlichkeit ist hier demnach nichts, was Männer und Frauen materiell unterscheidet, sondern die »Fiktion« materieller Substanzen komme erst durch den bedeutungskonstituierenden, diskursiv gesteuerten und steuernden Blick in die Welt."* [2]

Nach Butler handelt es sich um ein performatives Modell von Geschlecht, in welchem die Kategorisierung in männlich und weiblich als Effekt wiederholender Handlungen gesehen werden kann und somit keineswegs ein Produkt der naturgemäßen Materialisierung darstellt. Vor Butlers Ansätzen hat man das biologische Geschlecht und das kulturelle Geschlecht als identisch gesehen. Bei Butler hingegen erscheint das biologische Geschlecht, „sex", ebenso wie das soziale Geschlecht, „gender", als ein kulturelles Produkt und als nichts natürlich Gegebenes.[3]

Jene These machte aus Butler eine populäre Persönlichkeit, was wiederum Kritik seitens ihrer Vorläufer zur Folge hatte, weil die These nach Ansicht ihrer Kritiker nicht so neu sei und sie die selbe Aufmerksamkeit für sich forderten.

---

[1] Vgl. Hilge Landweer/ Mechthild Rumpf; Kritik der Kategorie Geschlecht, Feministische Studien 1993, S. 4.
[2] Hilge Landweer/ Mechthild Rumpf; Kritik der Kategorie Geschlecht, Feministische Studien 1993, Einleitung.
[3] Vgl. Degele, Nina: Gender/ Oueer Studies: Eine Einführung. Paderborn: Wilhelm Fink Verlag 2008. S. 66 f.

Im Vergleich zu ihren Vorläufern wird man jedoch schnell feststellen, dass Butler diese These in solcher Radikalität formuliert, wie es bislang nicht vorgekommen ist. Der Ausgangspunkt dieser radikalen Ansätze findet sich in ihren poststrukturalistischen theoretischen Gesichtspunkten.

In ihren Ausführungen des performativen Modells von Geschlecht bedient sie sich unterschiedlicher Theorien und Forschungsansätze von Michael Foucault (1926-1984), Sigmund Freud (1856-1939), Jacques Derrida (1930-2004), Louis Althusser (1918-1990) und Jacques Lacan (1901-1981).

Die Materialisierung der Körper ist nach Butler, in Anlehnung an Derrida und Foucault, an eine kulturspezifische Wahrnehmung gebunden und schließt somit ein natürliches Geschlecht im metaphysischen Sinne aus. Diese These Butlers widerspricht moderner erkenntnistheoretischer Grundlagen. Die Kategorie „Frau" als Subjekt des Feminismus wird nach Butler in Frage gestellt, weil es für sie keine natürlich biologischen Grundlagen enthält und in Folge dessen als machtvoll produzierte Kategorie gesehen werden muss. [4]

Mit ihrem Werk „Das Unbehagen der Geschlechter" erreichte Butler viel Aufmerksamkeit, weil sie auf die europäische Debatte und nicht ausschließlich auf die amerikanische Debatte Bezug genommen hat. In den USA wurde nämlich schon zeitiger eine Zweigeschlechtlichkeit des Menschen angezweifelt. Die Suche nach dritten Geschlechtern hatte dementsprechend in den USA schon begonnen. Mit ihrem Buch „Das Unbehagen der Geschlechter" schlägt sie eine allgemeine Richtung des Feminismus ein, welche eine Differenzierung von Frau zu Frau und innerhalb der einzelnen Frau vornimmt und wo der Frau sowohl weibliche als auch männliche Eigenschaften zugeschrieben werden können.

Butler genoss außerdem viel Aufmerksamkeit, weil sie in dem Streit zwischen Differenzfeminismus und Gleichheitsfeminismus nicht mitwirkte. Butler hat sich weder für die Unterscheidung von Frau und Mann mit ihren speziellen Eigenschaften eingesetzt, noch für die Gleichsetzung des Mannes mit der Frau. Sie widerstrebt beidem und setzt sich für die „Dekonstruktion" von Mann und Frau ein.

---

[4] Vgl. Paulus, Stanislawa: Identität außer Kontrolle, S. 56-58.

Die „*Dekonstruktion von Geschlecht als Provokation*" ist unbedingt mit dem Namen Judith Butler in Verbindung zu betrachten.[5]

Butler geht sogar noch einen Schritt weiter und übt Kritik daran, dass die feministische Forschung Frauen als Gruppe mit gleichen Eigenschaften und Vorlieben festlegt und somit kulturelle, klassenspezifische und ethnische Unterschiede unter den Frauen ausklammert.

Die feministische Forschung hat nach Butler hier eine falsche Auffassung von einem binären („zweiteiligem") System der Geschlechtlichkeit, worin der Mann oder die Frau mittels ihrer Geschlechtsrolle, Geschlechtsidentität und anhand ihrer sexuellen Orientierung kategorisiert werden. Dieses System sagt aus, dass Heterosexualität als soziale Norm gilt und sich jeder Mensch heterosexuell entwickelt. Diese Thematik wird uns im Folgenden auch noch näher in Ihrer Essay-Sammlung „Die Macht der Geschlechternormen und die Grenzen des Menschlichen" beschäftigen. Die Betonung der Differenzierung unter den beiden Geschlechtern ist jedoch als Gegensatz gegenüber der feministischen Forderung nach Gleichheit zu betrachten.

> *„Die feministische Kritik muss einerseits die totalisierenden Ansprüche einer maskulinen Bedeutungs-Ökonomie untersuchen, aber andererseits gegenüber den totalisierenden Gesten des Feminismus selbstkritisch bleiben. Der Versuch, den Feind in einer einzigen Gestalt zu identifizieren, ist nur ein Umkehr-Diskurs, der unkritisch die Strategie des Unterdrückers nachahmt, statt eine andere Begrifflichkeit bereitzustellen."* [6]

Butler wirft der feministischen Forschung somit vor, dass sie es unterlässt, neue Identitäten zu entwickeln und stattdessen gegenwärtige Geschlechtsrealitäten zusätzlich erschwert.

Butlers Kritik richtet sich des Weiteren auch gegen die Angleichung der Frau an den Mann, die sogenannte Gleichheitsposition. In ihrem Werk „Das Unbehagen der Geschlechter" befasst sich Butler diesbezüglich mit der Französin Simone de Beauvoir (1908-1986), die als Begründerin der Gleichheitsposition gilt. Butlers Ansichten wurden stark durch die Theorien Simone de Beauvoirs beeinflusst. Doch auch weitere französische Autoren und Philosophen wie Jacques Derrida, Luce Irigaray (geboren 1930), Julia Kristeva (geboren 1941), Monique Wittig (1935-2003) und hauptsächlich Michael Foucault prägten Butlers Werke. Der Dekonstruktivismus erfährt in der gegenwärtig poststrukturalistischen Umgebung einen Aufschwung. Diese Theorieströmungen radikalisierten Ende der 60er Jahre den

---

[5] Vgl.: Degele, Nina: Gender/ Oueer Studies: Eine Einführung. Paderborn: Wilhelm Fink Verlag 2008. S. 104.
[6] Butler, Judith: Das Unbehagen der Geschlechter, S. 33.

Strukturalismus und führten zu dessen Fortgang. Butler ist der Auffassung, dass sich die Gesellschaft des Westens durch ihre sprachliche, machtförmige Strukturierung entwickelt hat.

2.2 Das Geschlecht als diskursiver Effekt

Nach Butler lässt sich das Geschlecht als diskursiver Effekt verstehen. In Anknüpfung an Foucault führt die Anwendung von Macht nach Butler nicht nur zu negativen Resultaten, im engeren Sinne also nicht nur zur Unterdrückung des Körpers, der Sexualität usw., sondern der Diskurs lässt auch etwas entstehen. Dies würde bedeuten, dass das biologische Geschlecht ein Produkt des Diskurses wäre.

Mit Diskurs ist jedoch zunächst erstmal nur das Lesen, Schreiben, Reden gemeint. Es beinhaltet also beispielsweise das Gespräch, die Rede und Widerrede. Erst durch die Gegenüberstellung von Sprache und Sprechen erhält der Begriff Diskurs seine Bedeutung.

Die Definition von Diskurs, nach dem Poststrukturalismus betrachtet, besagt, dass Menschen eher „geredet werden", als dass sie selber reden. Der Sinn des Gesehenen oder Gehörten wird also nicht von der Person vorgegeben, die verbal oder nonverbal etwas ausdrückt, sondern der Sinn wird unter anderem durch das Zeichensystem, durch Wahrheitsregeln und durch die Macht bestimmt. Das würde bedeuten, dass die Subjekte keine Macht über ihr eigenes Gesagtes haben und die tatsächliche Rede der Sprache erst einen Sinn verleiht.

> *„In Diskursen verschränken sich [...] Diskursives und Physisches, Semantisches, Gesellschaftliches und Technisches, Symbolisches und Materielles. [...] Deshalb liegt der Sinn auch nicht in der Aussage, sondern in einem Außen, in den Bedingungen, die Diskurse erst ermöglichen."*[7]

Entsprechend der Definition von Diskurs im Poststrukturalismus sind Sprache und Subjekt aneinander gebunden. Zur Begrifflichkeit des Poststrukturalismus ist hinzuzufügen, dass dieser nicht mit der Postmoderne gleichzusetzen ist, sondern die Weiterentwicklung des Strukturalismus beinhaltet. Die Poststrukturalisten *„wenden sich [...] gegen die ahistorischen Denkvoraussetzungen des Strukturalismus."*[8] Zu den Vertretern des Strukturalismus zählt unter anderem der Sprachwissenschaftler Ferdinand de Saussure (1857-1913), auf den sie in

---

[7] Degele, Nina: Gender/ Queer Studies: Eine Einführung. Paderborn: Wilhelm Fink Verlag 2008. S. 102 f.
[8] Degele, Nina: Gender/ Queer Studies: Eine Einführung. Paderborn: Wilhelm Fink Verlag 2008. S. 102.

ihrem Aufsatz „Die Macht der Geschlechternormen und die Grenzen des Menschlichen" ein Stück weit eingeht.

Diese Anmerkungen geben nur einen kleinen Teil der Geschlechtertheorie von Butler wieder, jedoch wird ein Überblick darüber verschafft, inwieweit sich Butlers poststrukturalistische Vorstellung von Sprache, Diskurs und Subjekt auf das Geschlecht auswirkt. Die Kernfrage, wie es nach Butler zu einer Gender-Regulierung kommen kann und was diese beinhaltet, werde ich im Folgenden näher erläutern und dabei hauptsächlich auf ihre Essay-Sammlung „Die Macht der Geschlechternormen und die Grenzen des Menschlichen" eingehen.

Die Macht der Geschlechternormen und die Grenzen des Menschlichen:

2.3 Gender-Regulierung

In der Essay-Sammlung „Die Macht der Geschlechternormen und die Grenzen des Menschlichen" widmet sich Butler beispielsweise der Thematik, wie soziale Ordnungen Gewalt ausüben und warum Verwandtschaftsbeziehungen auch in homosexuellen Zusammenhängen gedacht werden können. Des Weiteren setzt sie sich damit auseinander, welche sozialen Gruppen ihres Erachtens um ihre gesellschaftliche Anerkennung gebracht werden. In der Essay-Sammlung wurde demnach der Ödipuskomplex und die Psychoanalyse von Butler näher betrachtet.

Der Kern der Aufsatzes „Gender-Regulierung" lässt sich bereits vom Titel ableiten. In diesem Aufsatz stellt sich Butler die zentrale Frage, ob Gender bereits vor der Regulierung existiert oder ob die Regulierung das geschlechtlich markierte Subjekt unterwirft. [9]

Zunächst geht sie auf den Begriff „Regulierung" näher ein und versucht eine passsende Definition zu finden. Vorerst bezeichnet sie Regulierung als einen Prozess, *„durch den Personen normalisiert werden."* [10]

[9] Vgl. Butler, Judith: Die Macht der Geschlechternormen und die Grenzen des Menschlichen. S.72.
[10] Butler, Judith: Die Macht der Geschlechternormen und die Grenzen des Menschlichen. S.71.

Doch wenn man dies auf die Gender-Regulierung bezieht, bedeutet das nach Butler nicht gleichsam,

„dass Gender schlichtweg unter die Herrschaft einer äußeren Macht der Regulierung gerät. (Vgl. Carol Smart (Hg.), Regulating Womanhood) " [11]

Butler äußert im Folgenden zwei Vorbehalte gegenüber der Subjektivierung und Regulierung, um sich der Beantwortung der Kernfrage zu nähern, ob das Subjekt erst durch die Subjektivierung entsteht oder umgekehrt. Hierbei bezieht sie sich, wie bereits in ihren vorgenannten Werken, auf Foucault.

Zum Einen übernimmt sie die Auffassung von Foucault, dass die regulatorische Macht das Subjekt prägt und formt und zum Anderen, dass die Subjektivierung das Ergebnis unterworfener Regulierung sei. [12]

Dennoch übt Butler an Foucault dahingehend Kritik, dass Foucault dabei außer acht ließ, *„dass der regulatorische Apparat, der Gender regiert, selbst genderspezifisch ist.* " [13]

Nach Butler erfordert Gender demnach *„sein eigenes, unverwechselbares regulatorisches und disziplinarisches Regime*" [14], seine eigene Norm, die sich von anderen Formen sozialer und kultureller Normen abgrenzt.

Butler ist der Auffassung, dass die Norm *„die soziale Intelligibilität einer Handlung*" [15] regiert. Doch wie lässt sich der Begriff „Intelligibilität" nach Butler definieren? Um weiter fortführen zu können, werde ich im kommenden Abschnitt zum besseren Verständnis die Begrifflichkeit von „Intelligibilität" klären.

2.4 Butlers Vorstellung von Intelligibilität des Subjekts

Entsprechend der metaphysischen und philosophischen Auffassung ist ein „Sein" ohne Intelligibilität undenkbar, weil es stellvertretend für die Denkbarkeit eines Objektes steht und dessen Dasein ohne Wahrheit nicht ergründbar wäre. Der Begriff Intelligibilität geht bei Butler zurück auf die Definition dieses Begriffs nach Derrida und Foucault. Nach Foucault erfolgt das Hervorrufen des Subjekts erst durch die machtvolle Bestimmung seiner Wahrheit.

---

[11] Butler, Judith: Macht der Geschlechternormen und die Grenzen des Menschlichen. S.71.
[12] Vgl. Butler, Judith: Macht der Geschlechternormen und die Grenzen des Menschlichen. S.72.
[13] Butler, Judith: Macht der Geschlechternormen und die Grenzen des Menschlichen. S.72/73.
[14] Butler, Judith: Macht der Geschlechternormen und die Grenzen des Menschlichen. S. 73.
[15] Butler, Judith: Macht der Geschlechternormen und die Grenzen des Menschlichen. S. 73.

Derrida hingegen war prägend für die Bedeutung der Kohärenz und der Einheit des Geschlechts sowie der puren Identität. Butler hingegen spricht sich gegen kohärente Identitäten aus und lehnt sich in ihrer Auffassung einer normativ regulierten Zweigeschlechtlichkeit für die intelligible Identität von Subjekten an Foucaults Vorstellung an.

> *„Die diskursive Produktion von Intelligibilität steht also in einem immanenten Zusammenhang mit semantischen bzw. epistemologischen Ausschlussverfahren, die den Horizont des (Un-)Möglichen abstecken. Auf Prozesse der Subjektkonstitution bezogen (ein zentrales Leitmotiv der Arbeiten Butlers), ermöglicht dies die Frage: Wer ist ein Ich? Was muss ein Subjekt sein, um ein intelligibles Wesen zu sein?"[16]*

Ein Subjekt muss nach Butler eine eindeutige Geschlechtsidentität aufweisen, um lebensfähig zu sein. Das heißt, dass es eindeutig und der Norm entsprechend, dem männlichen oder weiblichen Geschlecht zugeordnet werden kann und das andere Geschlecht begehren muss. Die Kohärenz der Geschlechtsidentität, die durch die Normen bestimmt wird, sei sozusagen das Maß der Intelligibilität eines Subjekts.

> *„ „Kohärenz" und „Kontinuität" der Person sind keine logischen oder analytischen Merkmale der Persönlichkeit, sondern eher gesellschaftlich instituierte und aufrechterhaltene Normen der Intelligibilität. Da aber die „Identität" durch die stabilisierenden Konzepte „Geschlecht" (sex), „Geschlechtsidentität" (gender) und „Sexualität" abgesichert wird, sieht sich umgekehrt der Begriff der „Person" selbst in Frage gestellt, sobald an der Kultur „inkohärente" oder „diskontinuierliche" geschlechtlich bestimmte Wesen auftauchen [...], ohne den gesellschaftlich hervorgebrachten Geschlechter-Normen (gender norms) kultureller Intelligibiltät zu entsprechen, [...]."[17]*

Die Identität gilt als etwas Unverwechselbares, als innere Einheit und steht für die Existenz von jemandem. Butler begreift diese Identität als Erzeugnis der Macht. Das Subjekt selbst hat nicht die Macht oder Kontrolle über sein Handeln, sondern ist nur im Glauben dessen und wird durch die Macht des Diskurses geleitet. Wenn jemand beispielsweise versucht, er selbst zu sein, weiß er doch eigentlich gar nicht, wer dieses Selbst ist. Die Identität wird nach Butler also erst durch das Sprechen und Handeln zum Vorschein gebracht. Butlers Auffassung von der Identität der Geschlechter ist dadurch geprägt, dass sie von einer modernen Identität ausgeht, die stets eine geschlechtliche ist und uns unsere Gestalt verleiht.

Nach Butler differenzieren wir bei der Geschlechtsidentität zwischen drei Aspekten: Als erstes wäre da das biologische Geschlecht zu nennen, des weiteren das soziale Geschlecht und

---

[16] Villa, Paula-Irene: Sexy Bodies: Eine soziologische Reise durch den Geschlechtskörper. VS Verlag 2006. S. 162.
[17] Butler, Judith: Das Unbehagen der Geschlechter, S. 38.

letzten Endes zählt noch die Sexualität, das Begehren zu den drei Aspekten. Alle drei Aspekte sind nach Butlers Empfinden kultureller Natur, was der traditionellen Auffassung im Feminismus widerspricht.

Die Erklärung, warum es für Butler nicht mehr als zwei Geschlechter gibt, findet sich bei ihr in der Heterosexualität. Der „heterosexuelle Imperativ", die Zwangsheterosexualität, macht eine binäre Zweigeschlechtlichkeit zum Zwang.

> *„Dieser Prozess der „Annahme" eines Geschlechts wird mit der Frage nach der Identifizierung und den diskursiven Mitteln verbunden, durch die der heterosexuelle Imperativ bestimmte sexuierte Identifizierungen ermöglicht und andere Identifizierungen verwirft und/ oder leugnet."* [18]

Die Differenzierung zwischen männlich und weiblich wird durch das heterosexuelle Begehren erkennbar gemacht. Transsexuelle werden von Butler daher völlig ausgeschlossen, weil für sie kein Geschlecht zwischen den beiden Geschlechtern Mann und Frau existiert. Entsprechend der „Wahrheit des Sexes" ist für sie alles andere ausgeschlossen und es gibt nur die einzig kohärente Zuordnung zum männlichen oder weiblichen Geschlecht. Auch in ihrem Essay-Aufsatz „Die Macht der Geschlechternormen und die Grenzen des Menschlichen" verstärkt sie diese Ansicht damit, dass sie erläutert, dass es für sie nichts außerhalb der Norm gibt.

Die wahre empirische Frau definiert sich über weibliche Geschlechtsidentität (gender), sie muss also fühlen oder denken wie eine (werdende) Mutter, einen weiblichen Körper aufweisen (sex), sprich Gebärmutter und die Gebärfähigkeit und eine auf Männer bezogene, heterosexuelle Sexualität mit sich bringen, die auf die Fortpflanzung ausgerichtet ist. Der empirische Mann definiert sich über männliche Geschlechtsidentität (gender), einen männlichen Körper (sex) und eine an Frauen ausgerichtete heterosexuelle Sexualität. Die klare Zuordnung zu eines dieser Geschlechter macht das Subjekt erst lebensfähig.

> *„Das biologischen Geschlechts ist demnach nicht einfach etwas, was man hat, oder eine statische Beschreibung dessen, was man ist: Es wird eine derjenigen Normen sein, durch die „man" überhaupt erst lebensfähig wird [...]."* [19]

In der Philosophie sollte ein Mensch/ Subjekt hauptsächlich mit folgenden Merkmalen ausgestattet sein: moralische Urteilskraft, freier Wille, vernunftbegabt. Mit der Annahme eines Geschlechts, kommt die eigene Identität zustande, die jedoch nicht freiwillig, sondern aufgrund eines „heterosexuellen Imperativs" erfolgt.

---

[18] Butler, Judith: Körper von Gewicht 1997, S. 23.
[19] Butler, Judith: Körper von Gewicht 1997, S. 22.

„Dieser Prozess der „Annahme" eines Geschlechts wird mit der Frage nach der Identifizierung und den diskursiven Mitteln verbunden, durch die der heterosexuelle Imperativ bestimmte sexuierte Identifizierungen ermöglicht und andere Identifizierungen verwirft und/ oder leugnet. " [20]

Durch bestimmte Begrenzungen, normative Vorgaben und aufgrund des Imperativs wird das Subjekt gebildet. Unintelligible Geschlechtsidentitäten entsprechen nach Butler nicht den Vorgaben des „heterosexuellen Imperativs" und sind dementsprechend nicht kohärent.

„Intelligible Geschlechtsidentitäten sind solche, die in bestimmtem Sinne Beziehungen der Kohärenz und Kontinuität zwischen dem anatomischen Geschlecht (sex) und der Geschlechtsidentität (gender), der sexuellen Praxis und dem Begehren stiften und aufrechterhalten. Oder anders formuliert: Gespenster der Diskontinuität in Inkohärenz, die ihrerseits nur auf den Hintergrund von existierenden Normen der Kohärenz und Kontinuität denkbar sind, werden ständig von jenen Gesetzen gebannt und zugleich produziert, die versuchen, ursächliche und expressive Verbindungslinien zwischen dem biologischen Geschlecht, den kulturell konstituierten Geschlechtsidentitäten und dem „Ausdruck" oder „Effekt" beider in der Darstellung des sexuellen Begehrens in der Sexualpraxis zu errichten. " [21]

Körper sind nach Butler also nur von Gewicht, wenn sie eine intelligible Geschlechtsidentität aufweisen. Im Gegensatz dazu steht das Unintelligible, das konstitutiv Verworfene.

„Das Verworfene (the abjekt) bezeichnet hier genau jene „nicht lebbaren" und „unbewohnbaren" Zonen des sozialen Lebens, die dennoch nicht bevölkert sind von denjenigen, die nicht den Status des Subjekts genießen, deren Leben im Zeichen des „Nicht-Lebbaren" jedoch benötigt wird, um den Bereich des Subjekts einzugrenzen. " [22]

Im Folgenden Abschnitt meiner Arbeit werde ich nun auf das Kapitel „Symbolische Positionen und soziale Normen" des Aufsatzes „Gender-Regulierung" eingehen.

2.5 Symbolische Positionen und soziale Normen

Butler bezieht sich in diesem Kapitel auf die Strukturalisten Levi-Strauss und Lacan. Sowohl Levi-Strauss als auch Lacan vertreten die Ansicht des Strukturalismus, *„dass symbolische Normen nicht dasselbe sind wie soziale Normen. "* [23] Demnach unterscheidet der Strukturalismus zwischen symbolischen und sozialen Betrachtungsweisen von Verwandtschaftsbeziehungen.

---

[20] Butler, Judith: Körper von Gewicht 1997, S. 23.
[21] Butler, Judith: Das Unbehagen der Geschlechter 1991, S. 38.
[22] Butler, Judith: Körper von Gewicht 1997, S. 23.
[23] Butler, Judith: Die Macht der Geschlechternormen und die Grenzen des Menschlichen. S. 76.

Nach Lacan ist das Symbolische der Bereich des Gesetzes, welches das Begehren im Ödipuskomplex regelt.[24] In der Gesellschaft gilt seines Erachtens das Gesetz des Symbolischen, das heißt der sozialen, sprachlichen und ökonomischen Normen. Insgesamt bilden diese Normen eine symbolische Herrschaftsordnung, die das Subjekt strukturiert und unterwirft.

Demnach bestehen Verbotsbeziehungen, die von Familienmitgliedern eingehalten werden, indem sie bestimmte Positionen einnehmen. Beispielsweise hat eine Mutter standardmäßig keine sexuellen Beziehungen zu ihrem Sohn oder ihrer Tochter, jedoch gewöhnlich zu dem Vater.

Nach Lacan hat das Symbolische zwei Bedeutungen:

Zum Einen weist es nach, *„dass das Unbewusste wie eine Sprache strukturiert ist."*[25]

Zum Anderen zeigt das Symbolische auf, *„wie das menschliche Subjekt sich in eine vorgegebene Ordnung einfügt."* [26]

Im Anschluss daran setzt sie sich mit Levi-Strauss und dessen Definition von „kulturell" auseinander. Seiner Meinung nach entspricht „kulturell" den *„universellen Gesetzen der Kultur."* [27] Kulturelle Regeln sind seines Erachtens somit unveränderlich und allgemein gültig und führen zu einer fließenden Verschiebung vom Kulturellen zum Sprachlichen. [28]

Die Norm ist nach den Strukturalisten nicht dasselbe wie eine symbolische Position, da sie einen sozial produzierten und veränderlichen Rahmen hat.

> *„Die Trennung des Symbolischen von der sozialen Sphäre ermöglicht die Unterscheidung zwischen dem Gesetz des Vaters und veränderlichen Gesetzen." [29]*

Butler übt Kritik an der strukturalistischen Auffassung gegenüber dem Symbolischen. Eine Transformation von Gender ist ihres Erachtens nicht möglich, indem das Begehren von Gesetzen reguliert wird und Verbotsbeziehungen bestehen, da für Butler nicht länger eine

---

[24] Vgl. Butler, Judith: Die Macht der Geschlechternormen und die Grenzen des Menschlichen. S. 76.
[25] Butler, Judith: Die Macht der Geschlechternormen und die Grenzen des Menschlichen. S. 83.
[26] Butler, Judith: Die Macht der Geschlechternormen und die Grenzen des Menschlichen. S. 83.
[27] Butler, Judith: Die Macht der Geschlechternormen und die Grenzen des Menschlichen. S. 78.
[28] Vgl.: Butler, Judith: Die Macht der Geschlechternormen und die Grenzen des Menschlichen. S. 78 ff.
[29] Butler, Judith: Die Macht der Geschlechternormen und die Grenzen des Menschlichen. S. 81.

Differenzierung zwischen dem symbolischen und dem sozialen Gesetz vorgenommen werden kann. [30]

Der Poststrukturalismus vertritt hinsichtlich des Symbolischen die Auffassung, dass die symbolischen Normen den sozialen Normen entsprechen,

> *„weil nicht nur das Symbolische eine Sedimentierung sozialer Praktiken ist, sondern auch weil die radikale Veränderung der Verwandtschaftsbeziehungen eine Neuformulierung der strukturalistischen Vorannahmen der Psychoanalyse erfordert [...]."* [31]

Demnach wäre Gender ein Index der verbotenen sexuellen Beziehungen, durch die ein Subjekt sozial reguliert und produziert wird. Auch hier lässt sich wiederum an Butlers Auffassung anknüpfen, dass sie das Geschlecht als diskursiven Effekt begreift. Subjekte haben ihres Erachtens keine Macht über das eigens Gesagte, weil wir schon immer in einem Kontext vorkommen. In diesem Kontext sind die symbolischen Bedeutungen bereits fester Bestandteil und gewähren uns demnach keine Freiheit beim Sprechen.

Butler geht im Folgenden auch auf den Strukturalisten Ferdinand de Saussure ein, der der Begründer des Zeichensystems ist.

Nach de Saussure setzt sich das Zeichen aus einem Zeichenausdruck, dem Signifikant, und einem Zeicheninhalt, dem Signifikat, zusammen, die in einer willkürlichen (arbiträren) Beziehung zueinander stehen.

Für die Poststrukturalisten existiert keine einzig richtige Bedeutung. Ganz im Gegenteil üben Poststrukturalisten, zu denen unter anderem auch die Theoretiker wie Judit Butler, Michael Foucault, Jacques Derrida und Louis Althusser zählen, Kritik an für sie nur scheinbar stabilen Diskursen und Strukturen. Des Weiteren kritisiert der Poststrukturalismus das binäre System, unter anderem deren Gegenüberstellung von Frau/Mann, Hell/Dunkel, weil für ihn der Verstand über dem Gefühl steht. Angesicht der Poststrukturalisten sind Diskurse, gesellschaftliche Ordnungen und Strukturen mit Machtformen verknüpft, die die jeweiligen Herrschaftsverhältnisse bestimmen. Im Mittelpunkt stehen dabei die Fragen nach der Dekonstruktion von diskursiven Machtverhältnissen, um die binäre Denkweise aufzulösen.

---

[30] Butler, Judith: Die Macht der Geschlechternormen und die Grenzen des Menschlichen. S. 77/78.
[31] Butler, Judith: Die Macht der Geschlechternormen und die Grenzen des Menschlichen. S. 78.

„Diskurs ist nicht nur gesprochene Wörter, sondern ein Begriff der Bedeutung; nicht bloß, wie kommt es, dass bestimmte Signifikanten bedeuten, was sie nun mal bedeuten, sondern wie bestimmte diskursive Formen Objekte und Subjekte in ihrer Intelligibilität ausdrücken. In diesem Sinne benutze ich das Wort „Diskurs" nicht in seiner alltagssprachlichen Bedeutung, sondern ich beziehe mich damit auf Foucault. Ein Diskurs stellt nicht einfach vorhandene Praktiken und Beziehungen dar, sondern er tritt in ihre Ausdrucksformen ein und ist in diesem Sinne produktiv (Butler 1993b: 129)." [32]

Nach der poststrukturalistischen Denkweise wird also die Sprache nicht getrennt von dem Subjekt gesehen und der Diskurs als Ort der Subjektwerdung deklariert. Das würde bedeuten, dass die Rede selbst den Sprecher zum Subjekt macht. Diskurse veranlassen es, dem Sprecher sinnvoll geordnete Objekte für seine Rede zur Verfügung zu stellen. Butler interessiert sich beispielsweise nicht für die Klassifizierung in soziale Umwelt (Haus,…) und natürliche Umwelt (Blume,…), sondern dafür, warum bestimmte Bezeichnungen für uns intelligibel, das heißt sinnvoll und verständlich, sind.

Im weiteren Verlauf des Aufsatzes kommt Butler auf die Beziehung zwischen Gender und Norm zu sprechen. Ihres Erachtens ist Gender

„der Apparat, durch den die Produktion und Normalisierung des Männlichen und Weiblichen vonstatten geht." [33]

Des Weiteren ist Gender

„der Mechanismus, durch den die Vorstellung von Männlichkeit und Weiblichkeit produziert und naturalisiert werden." [34]

Außerdem hat Gender die Möglichkeit, die naturalisierte Binarität zu überschreiten.

Wenn Gender demnach eine Norm ist, ist es eine Form sozialer Macht, die das intelligible Feld der Subjekte hervorbringt und ein Apparat, durch den die Geschlechterbinarität eingerichtet wird. Die Norm wird hingegen durch ihre Verkörperung produziert und reproduziert und durch die sich ihr anzunähernden Handlungen und Idealisierungen.

Letzten Endes gibt es also kein Außerhalb der Norm, denn jede Abweichung von der Norm weist wieder auf die Norm.

„Denn wenn die Norm das Feld des Sozialen für uns intelligibel macht und diesen Bereich für uns normalisiert, dann muss ein Außerhalb der Norm immer noch in Relation zu ihr definiert werden." [35]

---

[32] Wilz, Sylvia Merlene: Geschlechterdifferenzen-Geschlechterdifferenzierungen 2008, S. 214.

[33] Butler, Judith: Die Macht der Geschlechternormen und die Grenzen des Menschlichen. S. 74.

[34] Butler, Judith: Die Macht der Geschlechternormen und die Grenzen des Menschlichen. S. 74.

Im weiteren Verlauf ihres Aufsatzes „Gender-Regulierung" vertieft sie ihre Normthematisierung in dem Kapitel „Normen und das Problem der Abstraktionen".

2.6 Normen und das Problem der Abstraktion

In diesem Abschnitt des Aufsatzes wendet sich Butler erneut Foucault und dessen Definition der Norm zu.

> *„Die Norm ist ein Mittel und ein Maß, um einen gemeinsamen Standard hervorzubringen."*
> [36]

Francois Ewald hingegen sucht nach einer engeren Definition der Norm. Seines Erachtens

> *„wandelt die Norm Zwänge in einen Mechanismus um und markiert somit die Bewegung, durch die, mit Foucault gesprochen, juristische Macht produktiv wird."* [37]

Er spricht hier von einer Umwandlung negativer Einschränkungen des Juristischen, die zu positiven Kontrollen der Normalisierung werden. Die Norm übernimmt dementsprechend eine transformative Funktion.

Die normative Geschlechterordnung kann als Zwangsregime bezeichnet werden, in der Gender eine regulatorische Norm darstellt. Demzufolge ist auch die sexuelle Unterordnung innerhalb der Heterosexualität sowie die sexuelle Belästigung das Sinnbild der Genderproduktion. [38]

> *„Gender entsteht durch die geronnene Form der Sexualisierung der Ungleichheit zwischen Männern und Frauen."* [39]

Erst eine heterosexuelle Beziehung der Unterordnung ermöglicht die Genderproduktion. Genau das macht es so begehrenswert, in der Norm zu sein. Mangelhaft oder schuldig fühlt sich daher derjenige, der ihr nicht entspricht.

---

[35] Butler, Judith: Die Macht der Geschlechternormen und die Grenzen des Menschlichen. S. 74.

[36] Butler, Judith: Die Macht der Geschlechternormen und die Grenzen des Menschlichen. S. 87.
[37] Butler, Judith: Die Macht der Geschlechternormen und die Grenzen des Menschlichen. S. 87.
[38] Vgl.: Butler, Judith: Die Macht der Geschlechternormen und die Grenzen des Menschlichen. S. 94
[39] Butler, Judith: DieMacht der Geschlechternormen und die Grenzen des Menschlichen. S. 92.

3. Zusammenfassung:

Zum Ende meiner Hausarbeit möchte ich die wichtigsten Anmerkungen noch einmal kurz darlegen. Die Besonderheit der Geschlechtertheorie von Butler äußert sich darin, dass sie eine neuartige Auffassung vertritt, in der sowohl das biologische Geschlecht, „sex", als auch das soziale Geschlecht, „gender", das Konstrukt kultureller Ideologien sind.

Butler hat zwar die Vorstellung eines aus sich selbst heraus seienden, autonomen Subjekts abgelehnt, hat sich aber gleichzeitig für eine neuartige Handlungsfähigkeit eines Subjektes ausgesprochen. Sie befürwortet die Vorstellung eines politisch agierenden Subjekts, in der die Handlungsfähigkeit des Subjekts nicht als Erzeugnis performativer Mechanismen gesehen werden kann.

> *„In der verselbstständigen Rezeption der These von der „sozialen Konstruktion von Geschlecht" und ihrer Einmündung in die Strategie einer „Dekonstruktion" ist durchgängig die Sehnsucht nach einer Option spürbar, die es erlaubt, Freiheit von allen Zwängen- hier: der Geschlechterordnung- zu denken. Und weil es eine politische Strategie ist, führt sie in Teilen zu so groben Vereinfachungen, dass dann notwendig massive Enttäuschungen eintreten."* [40]

Im Sinne von „queer identities" ging man fortan auf die Suche nach alternativen Geschlechtsidentitäten. Der Begriff „queer" ist hier jedoch nicht als austauschbare Identität zu verstehen, sondern steht vielmehr dafür, die Kontingenz von anatomischen Merkmalen des biologischen Geschlechts und der performativen Identität des Geschlechts sichtbar zu machen und somit eine Geschlechter-Verwirrung hervorzurufen.

Damit spricht Butler sich also gegen das Geschlecht überhaupt (sex, gender, Begehren) aus, was jedoch gerade bei der Frauenbewegung eine zentrale Rolle spielt. Butler beschreibt die Frauen als natürliches und unter anderem auch sexuelles Gegenstück des Mannes.

Meines Erachtens äußert sich Butler jedoch auch dagegen, dass Frauen mit allen Mitteln versuchen einen Subjektstatus in der Gesellschaft zu erhalten und sich somit selbst in der normierten Ordnung gefangen halten.

> *„Butlers Perspektive ist eine doppelte Radikalität. Zum einen haben Menschen die Option, ihre geschlechtliche Identität selbst zu bestimmen und suchen sich die Nischen, in denen sie so leben können; zum anderen lässt die Gesellschaft in ihrem Ansinnen, die „normale" Heterosexualität notfalls zu erzwingen, nicht nach. Die gesellschaftlichen Institutionen, so Butler, verfügen über „potenzielle Grausamkeiten" beim Zwang, „eine kohärente Identität aufrechtzuerhalten. (Butler 1997, S. 165)"* [41]

---

[40] Gildemeister, Regina: Soziale Konstruktion von Geschlecht 2001; S. 83.
[41] Treibel, Annette: Einführung in soziologische Theorien der Gegenwart 2006, S. 120.

Butlers erklärtes politisches Ziel in ihrem Aufsatz „Gender-Regulierung" der Essay-Sammlung „Die Macht der Geschlechternormen und die Grenzen des Menschlichen", ist die Subversion der gültigen Geschlechternormen und die Neubestimmung kultureller Muster von Geschlecht und Sexualität.

4. Literaturverzeichnis:

- Butler, Judith: Die Macht der Geschlechternormen.

- Butler, Judith: Das Unbehagen der Geschlechter. Frankfurt am Main: Suhrkamp, 1991.

- Butler, Judith: Hass spricht. Zur Politik des Performativen. Berlin: Berlin Verlag, 1997.

- Butler, Judith: Körper von Gewicht. Die diskursiven Grenzen des Geschlechts. Frankfurt am Main: Suhrkamp Verlag, 1997.

- Butler, Judith: Für ein sorgfältiges Lesen. In Seyla Benhabib et al. (Hg.), Der Streit um Differenz. Feminismus und Postmoderne in der Gegenwart. Frankfurt am Main 1993b.

- Braun, Christopher: Die Stellung des Subjekts: Lacans Psychoanalyse. Berlin 2007.

- Degele, Nina: Gender/ Oueer Studies: Eine Einführung. Paderborn: Wilhelm Fink Verlag 2008.

- Derrida, Jacques: Signatur Ereignis Kontext. In: Derrida, Jacques: Randgänge der Philosophie. 1. Auflage. Wien 1988.

- Gildemeister, Regina: Soziale Konstruktion von Geschlecht. Fallen, Missverständnisse und Erträge einer Debatte. In: Rademacher/ Wiechers, Opladen 2001. S. 65-87.

- Hirschhauer, Stefan: Dekonstruktion und Rekonstruktion: Plädoyer für die Erforschung des Bekannten. In: Konstruktion von Geschlecht, Hrsg.: Ursula Pasero. Pfaffenweiler: Centaurus-Verlag, 1998.

- Köpl, Regina: Das Subjekt ist tot- es lebe das Subjekt!. In: Österreichische Zeitschrift für Politikwissenschaft, 1995, Nr. 2.

- Landweer, Hilge/ Rumpf, Mechthild: Kritik der Kategorie Geschlecht. In: Feministische Studien, 11. Jg., 1993, Nr. 2.

- Lorey, Isabell: Rezension von Judith Butler: Exitable Speech. A Politics of the Performative. IN: Feministische Studien, 18. Jg., 1998b, Nr. 1.

- Mihciyazgan, Ursula: Der Irrtum im Geschlecht: Eine Studie zu Subjektpositionen im westlichen und muslimischen Diskurs. Bielefeld 2008.

- Pasero, Ursula: Konstruktion von Geschlecht. Pfaffenweiler: Centaurus-Verlag, 1998.

- Stanislawa, Paulus: Identität ausser Kontrolle: Handlungsfähigkeit und Identitätspolitik jenseits des autonomen Subjekts. Hamburg 2001.

- Tervooren, Anja: Körper, Inszenierung und Geschlecht. In: Grundlagen des Performativen: Eine Einführung in die Zusammenhänge von Sprache, Macht und Handeln, Hrsh.: Christoph Wulf. Weinheim und München: Juventa-Verlag, 2001.
- Treibel, Annette: Einführung in soziologische Theorien der Gegenwart. 7. Auflage. Wiesbaden 2006.
- Villa, Paula-Irene: Sexy Bodies: Eine soziologische Reise durch den Geschlechtskörper. VS Verlag 2006.
- Wilz, Sylvia Marlene: Geschlechterdifferenzen- Geschlechterdifferenzierungen. Ein Überblick über gesellschaftliche Entwicklungen und theoretische Positionen. Wiesbaden 2008.